APPEL

DU CATHOLICISME

A TOUTES LES OPINIONS POLITIQUES.

MARSEILLE. — MARIUS OLIVE, IMPRIMEUR, SUR LE COURS.

APPEL

DU

CATHOLICISME

A TOUTES LES OPINIONS POLITIQUES,

OU

Entretiens

D'UN CATHOLIQUE AVEC UN ROYALISTE ET UN LIBÉRAL.

PAR M. CÉL. ESPANET,

PROFESSEUR DE RHÉTORIQUE.

> Malheur à vous qui donnez au mal
> le nom de bien, et au bien le nom de
> mal, appelant les ténèbres la lumière,
> et la lumière les ténèbres!
>
> Is. ch. v, v. 20.

PREMIÈRE PARTIE.

PARIS,
DENTU, LIBRAIRE, PALAIS-ROYAL.

LYON,
PÉRISSE FRÈRES, LIBRAIRES, RUE MERCIÈRE.

MARSEILLE,
CAMOIN, LIBRAIRE, PLACE ROYALE.
MARIUS OLIVE, IMPRIMEUR, ET LES PRINCIPAUX LIBRAIRES.

1831.

Préface.

ON sera peut-être étonné d'un côté de voir le catholicisme faire un appel aux opinions libérales , lui qu'on a regardé jusqu'à présent comme l'allié et le soutien du despotisme, comme l'ennemi de toute constitution fondée sur des bases larges et populaires ; lui qu'on a en conséquence poursuivi dans ses doctrines, dans ses prêtres, et qu'on voudrait aujourd'hui anéantir avec ses croix et ses autels. L'étonnement ne sera pas moins grand de l'autre côté, parmi les royalistes, en voyant le catholicisme, dont on s'était toujours cru le seul appui et les seuls défenseurs, nous appeler à lui tout comme si nous avions été jusqu'à présent ses ennemis. Sans doute, dirons-nous à nos amis, le cœur n'est pas toujours complice des erreurs de l'esprit; mais celles-ci, quelque innocentes qu'elles puissent être à nos yeux, n'en sont pas moins, comme semences de mort, destructives du christianisme, qui ne renferme en son sein que des germes de vie. Si donc le Dieu que nous annonçons paraissait aux uns et aux autres un *Dieu inconnu*, qu'ils sachent qu'il ne l'était pas pour nos pères, pour notre antique France, pour les premiers peuples chrétiens, pour les Pontifes romains, dont nous apporterons l'irréfragable témoignage ; mais il l'était devenu pour nous depuis que le sceau de quelques lois iniques, sans frein pour les écrivains obscènes et impies, étaient sur les lèvres des défenseurs des droits de Dieu et des hommes. Aujourd'hui qu'il nous est permis de faire entendre, au milieu des cris révolutionnaires et du tumulte des séditions, une doctrine d'ordre, de paix et de liberté, tenue captive pendant deux siècles, puissions-nous trouver partout les cœurs disposés à la recevoir!

Hommes de bonne foi et d'honneur, de quelque opinion que vous soyez, c'est à vos nobles et généreux sentimens que nous en appelons. Vos esprits recherchent avec ardeur la vérité, vos cœurs l'aiment avec passion ; eh! bien, c'est son brillant flambeau que nous voulons faire luire à vos regards.

Ouvrez vos yeux, distraits par tant d'objets, à sa douce et vive lumière ; nous ne vous demandons que l'attention pour la faire triompher aujourd'hui dans vos ames. N'est-ce pas là une disposition essentielle dans toutes les discussions ? Vous, donc, chauds adeptes de la philosophie moderne, vous généreux amis des libertés publiques, vous restes fidèles d'un parti vaincu et humilié, vous zélés défenseurs de la religion de vos pères, vous tous, en un mot, qui avez pris une place dans les différens camps qui divisent les esprits, écoutez sans préjugés nos paroles de paix. Ne vous laissez point prévenir, les uns par ces noms *d'autorité catholique, de pouvoir pontifical ;* les autres, par ceux de *liberté, de droit divin des peuples, de révolution légitime.* Les mots et les phrases n'ont aucun sens par eux-mêmes ; comprenez, avant de nous juger, ceux que nous leur donnerons dans nos entretiens : vous n'y trouverez rien que de conforme à la plus exacte raison et à la plus rigoureuse justice. Notre siècle est devenu le théâtre des plus violens combats entre les intelligences ; le seul moyen de les rendre utiles, de les rendre dignes de tout homme dont le cœur palpite encore aux noms d'honneur, de probité et de bonne foi, c'est de se dépouiller de part et d'autre de toute prévention ; c'est de ne point avoir la folle et opiniâtre ambition de faire prévaloir ses principes à toute force, dans le seul but de l'emporter sur les autres ; c'est, en un mot, de ne chercher jamais que le triomphe de la vérité, puisque c'est elle seule en effet qui remporte et qui a droit de remporter la victoire. Il faut que l'homme disparaisse dans le combat : malheur, par conséquent, à ces athlètes orgueilleux qui voudraient s'attribuer la gloire des conquêtes intellectuelles ! Qu'ils se retirent de l'arène : ils nuiront plus à la cause de la vérité et en détourneront plutôt les esprits par leurs fastueuses prétentions, qu'ils ne la serviront par un zèle intéressé et égoïste.

APPEL

DU CATHOLICISME

A TOUTES LES OPINIONS POLITIQUES

ou

ENTRETIENS

D'UN CATHOLIQUE AVEC UN ROYALISTE ET UN LIBÉRAL.

PREMIER ENTRETIEN.

LE ROYALISTE, en s'adressant au Catholique.

Vous nous disiez, monsieur, dernièrement que le parti royaliste et le parti libéral étaient tous les deux la cause des désordres qui règnent dans notre patrie et de l'affreuse anarchie qui semble menacer notre pauvre France. Vous ajoutiez même que si nous voulions vous écouter, vous vous faisiez fort de nous le démontrer aussi clairement qu'il est clair que la ligne droite est le plus court chemin d'un point à un autre. Je me crois à mon tour assez ferme dans mes opinions pour rejeter nos maux uniquement sur le parti qui triomphe, et les plus chauds adeptes des doctrines libérales proclament aujourd'hui eux-mêmes leurs torts.

LE LIBÉRAL.

Vous vous trompez, monsieur ; nous déplorons l'abus qu'une vile populace a fait et peut faire de nos principes, nous ne les rejetons pas pour cela. Je pourrais vous prouver qu'ils sont aussi justes que raisonnables, si je ne craignais pas que notre discussion n'interrompît celle que monsieur nous a promise.

LE CATHOLIQUE.

D'abord, messieurs, vous avez mal compris ma pensée, ou bien vous l'avez mal exprimée en disant que j'attribuais tous nos malheurs aux partis libéral et royaliste. Non, je crois que les uns et les autres, du moins en général, vous ne vouliez que le bonheur de la patrie, vous ne désiriez que l'ordre et la paix, avec le triomphe de vos opinions.

Mais ce qui était bien loin de vos intentions était tout entier dans vos doctrines, et c'est ce que je prétends vous démontrer aujourd'hui. Pour y parvenir, j'établirai d'abord les véritables principes sur lesquels doit reposer toute constitution, principes que nous ne trouverons que dans le catholicisme ; ensuite....

LE LIBÉRAL, *interrompant.*

Je vous vois venir, vous allez nous dévoiler tous les secrets du parti-prêtre; prenez-y garde, l'on vous prendrait pour un émissaire de la cour romaine. Vous voudriez sans doute remettre entre les mains du despote pontife *cette épée dont la poignée est à Rome et la pointe partout.*

LE CATHOLIQUE.

Ah, monsieur, prenons pour maxime dans nos discussions, si nous voulons les rendre utiles, de mettre de côté toute prévention, de ne point nous attribuer les uns aux autres des intentions que nous n'aurons point manifestées, ni de juger de nos doctrines par ceux qui les défigurent pour attirer sur nous la haine des peuples, de ne pas prendre pour preuves des phrases sonores, vides de raisons, des figures bisarres, enfans d'une imagination en délire.

LE LIBÉRAL.

Pardonnez - moi ces petits épanchemens; je n'y mets point de malice. Voyez, lorsqu'on lit tous les jours certains journaux, on en prend, quelquefois sans le vouloir, le ton mordant et déclamatoire.

LE ROYALISTE.

En effet, il est bien difficile de se prémunir toujours contre les excès; et je vous avouerai que de mon côté j'accuse quelquefois certaines opinions et je les confonds trop facilement avec les doctrines révolutionnaires, plutôt d'après les impulsions des feuilles que je lis et les sentimens vagues de mon cœur, que par une pleine conviction. Mais nous vous promettons de nous dépouiller de tout préjugé, de ne prendre vos preuves que d'après ce qu'elles nous paraîtront à l'esprit, et non d'après ce que nous voudrions qu'elles fussent. Si vous avez raison, le triomphe sera à la vérité.

LE LIBÉRAL.

De mon côté, je vais faire taire toutes mes préventions; je veux vous écouter avec une parfaite indifférence d'opinion, et oublier pour ainsi dire tout ce que je pourrai avoir lu ou entendu. Je ne vous interrogerai que pour m'éclaircir si je ne vous comprends pas, vous exposer mes doutes si vous en faites naître en mon esprit, vous combattre s'il se présente à moi quelque raison opposée, enfin me soumettre si vos principes me paraissent évidens.

LE CATHOLIQUE.

Je ne m'attendais à rien moins qu'à une pareille déclaration de la part de personnes aussi sincères et aussi loyales. Je crois que les discussions seraient bientôt terminées si chacun s'y prêtait aussi franchement que vous. Du moins, toutes les fois qu'on ne se retirerait pas convaincu, on aurait l'avantage de s'être rendu compte et de sa propre opinion et de celle que l'on combat; l'on pourrait alors certifier que dans ses jugemens on prend pour base des notions certaines et non des sentimens vagues et indéterminés.

Pour mettre quelque ordre dans nos entretiens, voici les divers points que je veux établir : premièrement, quelle est la doctrine catholique sur la souveraineté? Vous verrez qu'elle est la seule raisonnable, la seule juste, la seule possible, que hors d'elle ne se trouvera qu'anarchie, et que le monde n'éprouvera de véritable repos que lorsqu'il se sera soumis à sa céleste influence. Secondement, je prouverai que la doctrine libérale et la doctrine royaliste, ou plutôt gallicane...

LE ROYALISTE, interrompant.

Qu'ont de commun le parti gallican et le parti royaliste?

LE CATHOLIQUE.

Beaucoup, comme vous le verrez dans la suite, et tout royaliste est gallican sans s'en douter ; au reste, je vous donne ma promesse de prouver cette assertion.

LE ROYALISTE.

Je saurai vous la rappeler, si vous l'oubliez.

LE CATHOLIQUE.

Je prouverai donc, secondement, que la doctrine libérale et la doctrine royaliste, mieux dite gallicane, sont destructives de ces principes catholiques que nous vous démontrerons les seuls capables de régir la société ; qu'il est impossible d'établir une seule constitution permanente avec les élémens incohérens qu'elles présentent toutes deux. Troisièmement enfin, après avoir reconnu que bien peu de gouvernemens sont assis sur leurs véritables bases, nous parlerons des seuls moyens qu'ils ont à prendre en ce moment pour jouir de la paix, de l'ordre et du bonheur, en attendant de voir se propager les véritables doctrines qui les replaceront sur des fondemens inébranlables, et qui seules feront lever sur notre horizon la brillante aurore d'un heureux avenir.

LE ROYALISTE.

J'avoue que vous procédez avec clarté ; vos questions sont nettement posées, et je suis impatient d'entendre les développemens que vous allez y donner.

LE LIBÉRAL.

Je suis enchanté de la méthode que vous suivez. Je lis depuis long-temps les feuilles quotidiennes, j'en lis de toutes les couleurs, et je vous avoue que j'aurais bien désiré qu'une fois pour toutes elles eussent exposé l'ensemble de leur doctrine, au lieu de nous répéter chaque jour à peu près, et sous des formes diverses, les mêmes déclamations. Voyons cependant si je ne m'extasie pas trop d'avance.

LE CATHOLIQUE.

Lorsqu'on a une conviction pleine et entière d'une doctrine, c'est une preuve qu'on la conçoit bien, et *ce que l'on conçoit bien s'énonce clairement*.

Voici donc, messieurs, la doctrine catholique sur la souveraineté.

Pour bien concevoir cette doctrine, il faut remarquer que nul ordre, nulle police ne serait possible dans la société, que nulle société même ne pourrait s'établir, si tous les hommes ne croyaient pas intérieurement qu'ils ont des devoirs à remplir les uns envers les autres ; si la voix de la conscience universelle ne leur disait à tous : *mon semblable a des droits comme moi à la vie, à la liberté, à la propriété*, etc. ; si l'on ne regardait pas ces devoirs comme obligatoires pour tous ; si l'on ne reconnaissait pas Dieu comme l'auteur de ces lois promulguées par la tradition du genre humain ; si, en un mot, l'on ne tenait pas pour infaillible cette imposante autorité de tous les siècles.

LE LIBÉRAL.

En effet, si tout le monde était persuadé qu'on peut se tuer les uns les autres, que les biens de mon voisin m'appartiennent si je puis les prendre, il ne pourrait pas y avoir de commissaire de police, de garde nationale ou de gendarmes, parce que tout le monde chercherait à piller, à tuer, parce que personne ne songerait à protéger les autres, personne ne reconnaissant aucun droit à qui que ce fût.

LE ROYALISTE.

Votre observation est tellement vraie, que si les scélérats et les voleurs, qui se croient tout permis ou qui, du moins, veulent tout se permettre, étaient le plus grand nombre dans un état, on ne ferait que piller, massacrer, sans opposer de résistance.

LE CATHOLIQUE.

Vous comprenez donc, après ce premier aperçu, que pour qu'une société puisse s'établir, il faut qu'auparavant, comme je vous l'ai dit, il en existe une spirituelle formée par des liens intérieurs, par des croyances communes à certaines vérités conçues sous la notion de *devoirs*.

D'accord sur ces principes de droit commun, -

les hommes se sont constitués en société temporelle, et pour s'y maintenir ils ont résolu de
combattre par la force résultante du plus grand
nombre tous ceux qui tenteraient de se révolter
contre les droits de chacun à la vie, à la liberté,
à la propriété. Cette force matérielle, pour être
dirigée contre les malfaiteurs, avait besoin d'un
agent ; de là est né le pouvoir souverain, de là
ont été inventés les supplices, les chaînes, les
prisons, pour contenir ceux que la conscience
seule ne pouvait pas arrêter sur le penchant du
crime.

LE LIBÉRAL.

Vraiment, vous êtes libéral : je vois avec
plaisir que vous soutenez la souveraineté du
peuple, puisque vous dites que c'est la société
elle-même qui a créé le pouvoir destiné à faire
mouvoir nos bras armés contre les perturbateurs
de l'ordre et les ennemis de la justice.

LE ROYALISTE.

Ce dont vous louez monsieur, c'est précisément ce que je prétendais lui reprocher.

LE CATHOLIQUE.

Prenez-y garde, messieurs ; vous pourriez vous
tromper tous les deux dans l'application que vous
feriez de ces principes qui sont incontestables en
eux-mêmes. Ce n'est pas le peuple que je recon-

nais pour souverain, c'est la *justice;* voilà la souveraineté que je proclame, celle que doit reconnaître et le peuple et le prince, et sans laquelle nous avons vu que toute société est impossible. Lorsque les hommes réunis choisissent un ou plusieurs de leurs semblables pour défendre les droits de tous contre les passions révoltées, ils ne créent pas un souverain, mais ils nomment un ministre du véritable souverain, c'est-à-dire, DE LA JUSTICE QUI DOIT RÉGNER ET SUR LUI ET SUR LE PEUPLE. Ils ne peuvent pas créer la justice, elle existe de toute éternité, elle est Dieu même.

LE LIBÉRAL.

Tout cela commence à s'éclaircir dans ma tête, et je vois qu'en effet je m'étais fait une fausse idée de la souveraineté du peuple.

Ainsi donc, voici comme je la conçois maintenant, d'après vos principes. Vous me redresserez si je ne les ai pas bien saisis.

Les droits que nous reconnaissons à nos semblables à la vie, à la liberté, à la propriété, nous ne sommes pas les maîtres de les changer, de les abolir, parce que c'est Dieu même qui en a fait une loi de justice, immuable, obligatoire pour tous. Dans ce sens, le peuple ne peut se faire ni un souverain, ni une loi; ce souverain c'est DIEU, cette loi c'est la JUSTICE, tous deux au dessus du peuple. Il ne fait que se choisir l'agent de la force-

matérielle de la société, force qui ne doit être dirigée que contre les violateurs de la justice.

LE CATHOLIQUE.

Vous avez parfaitement saisi mes explications. D'après ces premières réflexions, nous voyons que Dieu a promulgué une loi de justice, une charte divine, dans laquelle sont contenus tous nos droits. Cette loi, que le premier homme a reçue immédiatement de Dieu même, que ses enfans se sont transmise par le langage de générations en générations, a été connue de tous les peuples, entendue par toutes les consciences, et doit être observée par toute société qui ne voudra pas devenir le théâtre de la plus affreuse anarchie. Cette loi divine, pour être exécutée, nécessite une force matérielle capable de contraindre les infracteurs; cette force, pour être mise en mouvement, a besoin d'un agent qui la dirige conformément à la justice : or, cet agent ou bien cet homme-pouvoir, c'est évidemment et ce ne peut être évidemment que le peuple qui le nomme; car Dieu ne descendra pas du ciel sur la terre pour faire exécuter lui-même ses lois, ou pour désigner son lieutenant (1). Ainsi donc, le pouvoir sera

____

(1) Il est *de foi* que la souveraineté est de Dieu. Il est *de foi* que c'est de Dieu que les souverains reçoivent leur autorité; mais il n'est pas de foi qu'ils la reçoivent immédiatement. La doctrine commune des théologiens et des canonistes est au

divin dans son origine , en ce sens qu'il est destiné à maintenir la loi divine de justice, et il sera en même temps *populaire ,* en ce sens que c'est le peuple qui le désigne. Il sera encore *divin dans*

contraire que Dieu communique la souveraineté immédiatement au peuple, et par le moyen du peuple à la personne ou à la communauté gouvernante[1].

Ici, tout se réduit à une question de fait : est-il vrai que la doctrine attribuée à la plupart des théologiens et des canonistes soit réellement leur doctrine? J'ose assurer, mon révérend père, que vous ne le nierez pas. Faudrait-il vous citer de nouveau saint Thomas, qui enseigne en termes exprès que « la puissance législative appartient, non pas à aucun particulier, mais à la multitude ou au prince qui la représente[2]? » Faudrait-il vous citer Suarez, qui, s'appuyant de l'autorité de St Ambroise, de St Grégoire-le-Grand, de St Augustin, de Bellarmin, établit «qu'il n'y a point d'intermédiaire entre Dieu « et le peuple, mais que le peuple est l'intermédiaire entre Dieu « et le roi, et que c'est par cet intermédiaire que le roi reçoit « la puissance souveraine[3]? Faudrait-il vous citer St Liguori[4],

[1] *Avenir* du 14 décembre 1850.

[2] Cùm lex ordinet hominem in bonum commune, non cujuslibet ratio facere potest legem, sed multitudinis, vel principis vicem multitudinis gerentis. 1. 2. *q.* 90 *a.* 3 — *Ibid.* 97, *ad* 3.

[3] Cardinalis Bellarminus non inter populum et Deum medium posuit, sed inter regem et Deum voluit populum esse medium, per quod rex talem accipit potestatem. *Suarez, Defens. fidei cathol. lib. III. cap.* 2. — Hæc resolutio, quoad omnes partes, communis est, non solùm theologorum, sed etiam jurisperitorum. *Ibid.* — *Vid. et eod. cap. n.* 11, et *de Legib. lib. III.*

[4] Certum est dari in hominibus potestatem ferendi leges ; sed potestas hæc, quoad leges civiles, à natura nemini competit nisi communitati hominum, et ab hâc transfertur in unum, vel in plures, à quibus communitas regatur. *De Legibus, l. I.*, *tract.* 2. *n.* 104.

son exercice, s'il emploie toujours la force qui est remise entre ses mains, conformément à la loi divine de justice. Tout est légitime dans cette supposition ; aussi nous pourrons appeler du nom de *légitimité* cette union originelle du pouvoir avec la justice et l'exercice de ce pouvoir conformément à cette même loi.

LE ROYALISTE.

Ce n'est point là précisément le sens que nous attachons à la *légitimité ;* nous regardons, nous, comme légitime le prince qui règne d'après le mode établi par les lois, et comme illégitime ou usurpateur celui qui parvient au trône par toute

Fénélon [1], Bossuet lui-même [2], le défenseur le plus outré de la puissance royale ? Ou, embarrassé de leurs témoignages et ne les pouvant contester, direz-vous que St Ambroise, St Grégoire-le-Grand, St Augustin, St Thomas, Bellarmin, Suarez, Fénélon, St Liguori, et tant d'autres qu'on pourrait nommer, Billuard, Bianchi, le plus savant réfutateur de la déclaration de 1682, que tant de personnages pieux, des saints que l'église au a mis rang des docteurs, ont soutenu, en ce qui regarde le pouvoir qui est le fondement de la société humaine, une doctrine *fausse, absurde, ruineuse ?*
(Réponse de M. de la Mennais au P. Ventura. *Avenir,* 12 *févr.* 1831.)

[1] La puissance temporelle vient de la communauté qu'on nomme nation. La spirituelle vient de Dieu par la mission de son fils et de ses apôtres. *Œuvres de Fénélon, t. XXII, p.* 585, *édit. de Versailles.*

[2] Nous ne nous arrêterons point à ce que l'anonyme prouve longuement, savoir, que la puissance des rois n'est pas tellement de Dieu, qu'elle ne soit aussi du consentement des peuples ; personne ne nie cela. *Défens. liv. IV. c.* 21.

autre voie. C'est là, ce me semble, le sens que l'on a toujours attaché au mot de *légitimité.*

LE CATHOLIQUE.

Je le sais, mais les erreurs se propagent, et l'on discute souvent sans fruit, parce que l'on ne donne pas aux mots leur véritable sens, ou bien parce qu'on leur donne une double signification. De là vient que lorsque ces expressions sont prises dans un sens, telle proposition est vraie, et lorsqu'elles sont prises dans un autre, cette même proposition est fausse. Aussi ce mode de transmission du pouvoir me semblerait mieux exprimé par le mot de *légalité* (1), parce qu'il est fondé sur des lois purement humaines, créées par les hommes, différentes chez toutes les nations, et variables avec les époques chez une même nation. Quant à cette union et cette conformité du pouvoir avec la justice divine, dont celui-ci ne doit se regarder que comme le représentant, je l'appellerai plus justement *légitimité,* parce qu'on y prend pour base les lois de la justice immuable,

(1) *Légal* se dit proprement des *formes,* des observances, des choses prescrites par la loi positive, sous peine de nullité ou d'animadversion de la part de la loi : *légitime* se dit proprement des choses fondées sur la *justice* essentielle.

C'est la forme qui rend la chose *légale;* c'est le *droit* qui rend la chose *légitime.*

(*Synonymes* de ROUBAUD.)

les mêmes dans tous les temps et pour tous les hommes.

LE LIBÉRAL.

Pour cette *légitimité*, j'en suis fort partisan : si tous les royalistes la comprenaient ainsi, il n'y aurait bientôt plus de désunion entre eux et nous.

LE CATHOLIQUE.

Allons, monsieur, ne gourmandez pas votre ami; car il pourrait bientôt se faire que vous fournissiez vous-même matière à ses attaques. D'ailleurs, quelque sens que l'on ait attaché à ces expressions, rappellez-vous celui que nous leur donnons pour nous mieux entendre dans nos discussions.

LE ROYALISTE.

Mes idées se brouillent un peu, d'après vos distinctions ; tous mes systèmes se renversent et se confondent dans mon esprit.

LE CATHOLIQUE.

Ces distinctions, cependant, ne sont-elles pas justes, nettes et précises? Tenez, je vais les reproduire d'une manière un peu plus étendue. Quoique je doive me répéter, ces reprises, qui sont un des grands avantages de la conversation sur le ton soutenu d'une discussion écrite, ne feront, je pense, qu'éclaircir davantage la matière.

Ces lois divines dans lesquelles sont contenus

les droits de tous les hommes, sans la connais-
sance et l'observation desquelles toute société est
impossible, cette obligation pour tous les individus de s'y conformer, tous ces liens primitifs
des esprits constituent ce que j'appellerai *ordre
légitime*. L'origine du pouvoir sortant de la
nécessité d'un agent pour mouvoir la force
matérielle contre les transgresseurs des droits im-
muables de chaque homme, la conformité du
pouvoir dans l'emploi de cette force avec la loi
de justice, je l'appellerai *légitimité*.

Le droit qu'a le peuple de nommer le représentant ou plutôt le ministre de la justice divine, le mode de transmission de l'autorité souveraine, la manière dont elle s'exercera, tout
cela je l'appellerai *ordre légal*, et la conformité
du souverain et du peuple à ces lois humaines
s'appellera *légalité*.

Pour donner encore plus de lumière à ces
développemens, cette société qui tombe sous
l'empire immédiat de la *légitimité*, je l'appellerai *société spirituelle*, parce que les lois qui la
régissent sont et doivent être dans les esprits
avant d'être pratiquées au dehors; et je donnerai
le nom de *société temporelle* ou *politique* à celle
qui est régie par la *légalité*, parce que toutes les
lois qui la constituent ne font que régler l'ex-
térieur, n'ont aucun rapport direct avec les
esprits et ne peuvent jamais les commander.

Ces deux ordres, ces deux sociétés sont insé-
parables et doivent être subordonnées entre elles;
la seconde n'étant que l'expression extérieure
de la première, comme elle lui doit son origine,
elle doit aussi en recevoir la direction : elles
doivent être unies ensemble comme dans l'homme
l'ame l'est au corps. L'on ne peut séparer l'ame
qui dirige du corps qui obéit, et lorsque cette
séparation a lieu, la mort s'en suit. De même si
la société temporelle ou politique résiste à la direction de la société spirituelle, fait rupture avec
elle, il y a alors anarchie, violation de tous les
droits, pillage, meurtre, incendie, en un mot,
mort sociale.

Remarquez enfin que si le cœur de l'homme
n'était pas vicié, s'il pouvait être inaccessible
aux passions, s'il était tel qu'il est sorti des mains
du créateur, on n'aurait pas besoin alors *d'ordre
légal ni de légalité;* Dieu serait l'unique souverain, et la paix ne serait jamais troublée. Voilà
ce que nous apprend d'abord le catholicisme.

LE ROYALISTE.

Tout cela est bien clair, bien beau, bien juste
et bien vrai; mais entre ces principes qui sont
indubitables et ceux que j'ai cru jusqu'à présent
vrais, et qui me paraissent encore tels, il me
semble qu'il y a contradition : car, d'après vous,
un usurpateur deviendrait souverain légitime s'il

2

se conformait, après son usurpation, à *l'ordre de justice*. Or, un usurpateur ou un roi *illégitime* et en même temps *légitime* me paraît absurde.

LE CATHOLIQUE.

Pour parler plus juste, il faudrait dire en ce sens *illégal* (1) et *légitime ;* mais.....

(1) Une élection est *illégale,* si l'on n'y observe pas toutes les conditions requises par la loi. Une puissance est *illégitime,* si elle exerce la force contre notre droit.

(*Synonymes de* Roubaud.)

Un prince qui arrive au trône d'une manière contraire à l'ordre légal est *illégal* sous le rapport qu'il viole les lois qui déterminent le mode de transmission du pouvoir ; il est en même temps *illégitime,* en ce sens qu'il ravit au peuple, par l'acte même de son usurpation, le droit qu'a ce peuple de se conserver le prince qui régnait sur lui d'après des lois qu'il avait établies ou voulues ; droit qu'il tient de Dieu seul, et qu'on ne peut lui ôter sans injustice. Si c'est le peuple qui change lui-même son souverain, le nouveau souverain sera *usurpateur* ou *prince légal et légitime,* selon que la conduite des sujets qui l'auront élu sera conforme ou non aux principes catholiques sur la *souveraineté* exposés dans cet entretien.

Le véritable pouvoir doit être *légal* et *légitime* non seulement dans son *exercice,* mais encore dans son *origine.* Voilà le principe et la réponse en même temps à la difficulté proposée, principe toujours vrai en lui-même, quoique dans la pratique on le fasse plier quelquefois sous la force et la nécessité des circonstances ; mais la force et la nécessité ne détruisent pas un droit, s'ils en suspendent l'exercice. Cette observation est importante, et on ne doit pas la perdre de vue dans toute cette discussion.

LE LIBÉRAL, interrompant.

Ah ! je vois ; il veut en venir encore à ses doctrines de servilité ; il veut prétendre que les peuples sont la propriété des rois, que par conséquent on ne peut pas en changer lorsqu'on veut ! Non, non, c'est le peuple qui est souverain ; et lorsque le prince qu'il se donne n'est pas conforme à son bon plaisir, il peut s'en défaire ; et celui qui vient après ne peut pas plus être appelé usurpateur que le premier, car le peuple qui fait un roi peut le défaire et en créer un autre.

LE CATHOLIQUE.

Tout doux, monsieur, rappelons-nous encore nos principes précédens : *c'est la justice divine qui est le véritable souverain*, et non le peuple. Celui-ci a sans doute le pouvoir de nommer son roi lorsqu'il n'en a point, et de déterminer, par une loi, s'il le sera pour un an seulement ou pour toute sa vie, s'il aura pour successeurs ses enfans, ou si à sa mort on en élira un nouveau. Il peut même déterminer de quelle manière s'établiront et s'abrogeront les lois. Il est libre dans cela, et nous voyons en effet que chaque peuple a fait son choix. Mais sa constitution une fois établie librement, son chef une fois élu librement, il ne peut pas le changer, tant que ce chef conformera sa conduite à la justice et aux lois : agir autrement ce serait violer cette justice même que nous avons reconnue comme la première souveraine de l'état. Or, une loi de cette justice immuable est de ne pas se donner la mort, et ce serait se donner la mort que de refuser d'obéir à son prince légitime, que de le renverser de son trône. La nation se révolterait contre le ministre de Dieu et briserait la barrière élevée contre les passions déchaînées.

LE LIBÉRAL.

Je veux bien admettre que la justice est proprement dite le seul souverain, et que le prince qui règne d'après ses lois, en respectant les droits de tous, en observant le pacte fondamental qui constitue l'ordre légal, ne peut pas être changé, est inviolable comme Dieu même. Mais si au lieu de protéger nos droits légitimes et divins, il venait à les violer lui-même et à nous dépouiller injustement de notre vie, de nos biens ; en un mot, s'il devenait un tyran, un Néron, ou bien s'il voulait à son gré changer les lois établies, aller au delà des limites que le peuple, d'après la constitution, a mises à son autorité, faudrait-il le supporter, et ne pourrait-on pas le forcer à quitter le sublime emploi qu'il déshonore ?

LE CATHOLIQUE.

Vous demandez la solution d'un problème qui, hors du christianisme catholique, a toujours été

résolu par des torrens de sang pour se compli-
quer encore plus bientôt après.

LE ROYALISTE.

Monsieur voudrait sans doute, ce qui est impossible, que Dieu envoyât des anges pour nous
gouverner. Il voudrait que les princes fussent
impeccables. Mais, puisque cela est impossible,
je crois que la société, comme on nous l'a très
bien démontré, ayant besoin d'un souverain pour
faire observer la loi de justice, pour empêcher
l'anarchie, et ce souverain ne pouvant jamais
être infaillible, puisqu'il sera toujours homme,
on pourra bien l'avertir s'il s'écarte de son devoir,
s'il devient injuste, mais il ne sera jamais permis
de le chasser de son trône.

LE LIBÉRAL.

Et au nom de qui, je vous prie, prêchez-vous
une doctrine si révoltante?

LE ROYALISTE.

Au nom du Dieu ami de la paix et conserva-
teur des empires.

LE LIBÉRAL.

Quoi ! vous trouvez l'ordre et la paix dans les
cruautés des Nérons, des Tibères, des Caligulas, et
ces exécrables tyrans, l'infamie de leur siècle,
la honte de l'humanité entière, seraient à vos
yeux les ministres et les représentans du Dieu de

justice? Parlez, vous, monsieur : si telle est la doctrine du catholicisme, je lui jure une haine éternelle ; mais non, elle n'est rien moins que catholique, puisqu'en tout temps, partout, tous les peuples ont combattu contre la tyrannie et le despotisme.

LE CATHOLIQUE.

Calmez, je vous prie, calmez votre courroux. Quelqu'épineuse que soit cette question, le catholicisme nous fournira une solution également satisfaisante pour les deux partis.

Nous avons établi que pour qu'une société pût subsister, il fallait que la majorité voulût reconnaître, observer, faire observer les droits de chacun à la vie, à la liberté, à la propriété, et que c'était pour résister aux infracteurs de cette loi de justice qu'elle offrait son bras armé du glaive au prince. L'ordre, la paix, la jouissance des droits communs est donc la fin première de toute société et l'unique origine du pouvoir. Or, cet ordre, cette paix, cette justice peuvent être violés, me dites-vous, d'un côté, par le souverain, qui, oubliant qu'il n'est souverain que pour protéger les droits de tous, les viole le premier, et de l'autre, par quelques membres perturbateurs de la société. Je crois que s'il existe une force capable de contraindre l'un et l'autre de ces deux partis à rentrer dans l'ordre, le souverain peut et doit l'employer contre les sujets rebelles, et le peuple contre le prince tyran ou despote (1).

LE ROYALISTE.

Mais vous autorisez les révolutions, en donnant au peuple le droit de juger son souverain, droit dont il abusera toujours.

LE LIBÉRAL.

Et vous autorisez la tyrannie en donnant au roi le droit de se livrer à ses caprices et à ses passions, le droit de nous égorger même sans qu'on puisse l'en empêcher ; droit dont les tyrans ont abusé et abuseront toujours.

LE ROYALISTE.

Certainement, je ne veux pas excuser un tyran ; je sais qu'il blesse nos droits par ses excès et son arbitraire ; mais je dis que le supporter est un mal nécessaire.

___

(1) « Le régime tyrannique, dit l'ange de l'école, est injuste, parce qu'il a pour fin non le bien commun, mais le bien particulier de celui qui gouverne. En conséquence, la destruction de ce régime n'a point le caractère de sédition, excepté le cas où elle entraînerait de si grands désordres que la multitude des sujets souffrirait plus de cette destruction que du régime tyrannique lui-même. » (*Sum. Th.*, sec. secund., q. XLII, *art.* 11, *ad.* 3.)

Voy. de plus *Pièces justificatives*, n° 1.

LE LIBÉRAL.

Certainement, je ne veux pas excuser toutes les révolutions ; je sais que plusieurs se sont faites au profit de quelques factieux, quoique sous de beaux prétextes ; mais je dis que les supporter est un mal nécessaire.

LE ROYALISTE.

A la bonne heure ; mais de deux maux, il faut éviter le pire. Or, il y a un plus grand inconvénient à donner au peuple le droit de se révolter, que de souffrir aux tyrans celui d'opprimer.

LE LIBÉRAL.

Je le nie, et je dis au contraire que les révolutions seront moins fréquentes dès que les souverains sauront qu'ils ne peuvent détruire impunément la justice ou les lois ; tout comme en ôtant aux sujets le droit de repousser un tyran, vous les multipliez, puisque vous accroissez par là l'audace des princes, sans empêcher les peuples de repousser l'oppression. L'histoire est là pour l'attester.

LE ROYALISTE.

A qui la faute, si le peuple veut son malheur ?

LE LIBÉRAL.

A qui la faute ? au prince ; et pourquoi ne le regarderiez-vous pas à son tour comme révo-

lutionnaire? On se fait illusion en jetant toujours ce nom odieux sur le pauvre peuple : l'a-
t-on vu se révolter souvent sous les Titus, sous
les Marc-Aurèle? Pourquoi donc ne qualifie-
rait-on pas de ce titre les souverains qui com-
mencent eux-mêmes les révolutions? N'est-ce
pas raisonner juste?

LE CATHOLIQUE.

Très bien sans doute. Vous vous trouvez néanmoins tous les deux au pied du mur sans avoir
résolu ni l'un ni l'autre le point de la difficulté,
puisque vous reconnaissez chacun de votre côté
qu'il peut y avoir de l'abus soit de la part du
pouvoir absolu, soit de la part du droit de résistance.

LE ROYALISTE.

Il faut vous en prendre alors à Dieu, qui n'a
rendu ni les rois, ni les peuples infaillibles.

LE CATHOLIQUE.

Vous vous trompez : ne croyez pas que la plupart des imperfections qui règnent dans le
monde politique soit toujours un effet nécessaire
de la faible portée de nos lumières; elles ne sont
que trop souvent le résultat de la corruption et
de la malice de notre cœur; et la providence,
dans les calamités et les fléaux qui tourmentent
les nations, ne fait que châtier leurs crimes.

LE LIBÉRAL.

Comment, vous nous rendrez criminels parce que Dieu ne nous aura pas rendus participans de son infaillibilité ?

LE CATHOLIQUE.

N'avez-vous pas dit que les rois et les peuples qui abusent de leur autorité sont injustes? Eh bien, ils ne sont injustes que parce qu'ils ont un moyen de ne l'être pas, c'est-à-dire, un moyen d'être infaillibles, toutes les foisqu'ils le voudront, dans l'usage de leur force ; sans cela, leur erreur serait nécessaire, et, par conséquent, cesserait d'être un crime. Mais ils sont les uns et les autres d'autant plus coupables que ce moyen est plus à leur portée.

LE ROYALISTE.

Il est tellement à notre portée, que le monde le cherche depuis six mille ans et ne l'a pas encore trouvé.

LE CATHOLIQUE.

Eh bien, je vais vous faire voir que vous êtes comme ce brave homme qui cherchait le cheval sur lequel il était monté.

Comment jugez-vous que tuer son semblable est un crime ?

LE ROYALISTE.

C'est parce que cela est évident.

LE CATHOLIQUE.

C'est tout comme si vous me disiez : « Il fait nuit ou il fait jour parce que je le vois; » et alors un aveugle devra toujours dire qu'il fait nuit parce que cela lui paraît ainsi.

LE ROYALISTE.

Si je devenais aveugle, je dirais qu'il fait jour ou qu'il fait nuit, selon que ceux qui m'environneraient me le diraient, parce que je n'aurais pas l'usage de mes yeux.

LE CATHOLIQUE.

Mais qui vous a dit que toutes les fois que vous disiez qu'il faisait nuit, vous aviez l'usage sain de vos yeux? et que toutes les fois que vous croyiez qu'il faisait jour, vous ne vous faisiez pas illusion, comme il arrive dans un rêve?

LE ROYALISTE.

C'est que personne ne me reprenait, et qu'il est impossible que tout le monde ait les yeux malades en même temps que moi, ou croie qu'il fait jour lorsqu'il est nuit.

LE CATHOLIQUE.

Donc, vous ne jugiez certainement qu'il faisait jour ou nuit, que parce que le témoignage de vos yeux était conforme au témoignage des yeux de tous.

Maintenant, si je vous demande encore : «pourquoi jugez-vous que tuer son semblable est un crime?» me répondrez-vous encore : «c'est parce que je le vois des yeux de l'esprit?»

LE ROYALISTE.

C'est parce que tout le monde le voit ainsi que moi, et qu'il est impossible que tout le monde se trompe avec moi.

LE CATHOLIQUE.

Vous croirez donc tout ce que croira la majorité des personnes qui vous environnent; et puisque cette majorité est libérale, vous serez donc libéral ?

LE ROYALISTE.

Certainement, je ne le croirai pas, si je ne trouve pas leur croyance conforme avec ce que le plus grand nombre d'hommes de tous les temps, de tous les lieux, a toujours cru.

LE CATHOLIQUE.

Vous y voilà enfin arrivé. Oui, monsieur, *nous serons toujours infaillibles en croyant ce que le plus grand nombre d'hommes a toujours cru en tout temps et en tout lieu.* Et ces croyances, marquées de ce sceau d'infaillibilité, vous les trouverez toujours et seulement, d'abord, *dans la tradition du genre humain,* qui est à la portée de tous les hommes, et qui était la seule autorité pour les païens avant J.-C., ensuite, depuis l'avénement du Christ, *dans la tradition de l'église catholique*, société visible et enseignante, dont toutes les croyances reposent sur la tradition constante et universelle du genre humain depuis la création du monde, et de toutes les églises catholiques, c'est-à-dire de la plus grande partie des hommes depuis J.-C.

C'est là cette société spirituelle dont nous parlions, mais plus parfaite qu'elle ne nous paraissait à la seule lumière de la raison ; c'est elle qui nous transmet infailliblement la loi suprême de justice ; société créée d'abord par un Dieu, perfectionnée par un homme-Dieu, qui a laissé sur la terre son représentant revêtu de toute son autorité.

LE LIBÉRAL.

Je vous écoutais de toutes mes oreilles, et ne savais pas ou vous vouliez en venir par toutes vos questions ; mais maintenant je crois le voir.

LE CATHOLIQUE.

Vous allez voir, monsieur, que nous ne nous sommes pas beaucoup écartés, puisque nous avons trouvé ce que nous cherchions, le moyen d'être infaillibles.

LE LIBÉRAL.

Et ce moyen, nous le trouvons, dites-vous?...

LE CATHOLIQUE.

D'abord, dans cette première société spirituelle dont nous parlions au commencement, manifestée par le langage ; et encore mieux, dans l'église catholique, société spirituelle plus parfaite, enseignante et visible, à qui seule est confié le dépôt de ces grandes vérités qui portent ces trois caractères d'infaillibilité : *quod ubique, quod semper, quod ab omnibus*. Ne regarderez-vous pas en effet comme vérité tout ce qui a été cru en tout temps, en tout lieu, par la majorité des hommes ?

LE LIBÉRAL.

Mais qui vous a dit que cette majorité des hommes ne pouvait pas se tromper ?

LE CATHOLIQUE.

Je n'examinerai pas précisément si cette majorité des hommes peut se tromper ou non ; mais ce dont vous serez aussi bien convaincu que moi, et ce qui n'a pas besoin de preuve parce que c'est un fait, c'est que l'homme a besoin de croire, et que s'il ne voulait pas croire et agir en conséquence, il mourrait assurément ; c'est que ce besoin de croire, je ne le satisfais pleinement que dans les croyances universelles dont nous parlons ; cette foi est mon élément comme l'eau est l'élément du poisson ; hors de là je m'agite jusqu'à ce que j'y sois rentré : c'est que je ne sais plus que dire lorsque je vois contre moi cette autorité imposante de la raison générale ; c'est que partout on donne le nom d'insensé à tous ceux qui résistent au sens commun. Aussi, quelque incompréhensible que me paraissent certaines vérités, je les crois néanmoins sans balancer sur l'autorité imposante de ce témoignage. Voilà autant de faits qui n'ont pas besoin de preuves.

LE LIBÉRAL, pensif.

Tout cela est pourtant vrai, et plus je rentre en moi-même, plus je vois que tout ce que je regarde comme certain est revêtu de ce caractère de catholicité ; et, comme vous le dites, je je le crois ainsi lors même que ma raison ne pourrait pas toujours s'en rendre un compte exact et précis.

LE CATHOLIQUE.

C'est que chaque être a les lois de sa nature. Celles de tous les poissons, avons-nous dit, sont de vivre dans l'eau ; celles de tous les hommes sont de *vivre de foi*, et non précisément de raisonnement ; car tous les esprits n'étant pas capables de raisonner, il faudrait une loi particulière pour chacun d'eux.

Revenons maintenant où nous en étions restés.

Il était nécessaire d'établir sur des bases solides les moyens que nous cherchions pour nous rendre infaillibles lorsque nous le voudrions.

Vous avez trouvé tous les deux de grands inconvéniens, l'un à laisser une autorité absolue aux rois, parce qu'ils pourraient devenir tyrans, l'autre à accorder au peuple le droit de détrôner un tyran, parce qu'il pourrait devenir anarchiste. Ces inconvéniens disparaissent dès que la force peut être dirigée infailliblement par la justice, soit par le souverain contre le peuple, soit par le peuple contre le souverain. Or, le souverain et le peuple, dans ces circonstances critiques, peuvent toujours recourir au juge infaillible de la justice et de la morale, pour ne pas abuser de ce droit. Donc, le prince sera coupable, si pouvant toujours connaître les droits de son peuple, il veut néanmoins les violer sciemment, et le peuple sera dans son droit s'il renverse un pouvoir reconnu illégitime par une autorité infaillible dont il ne fera que recevoir la direction. Ainsi, en deux mots, la force matérielle sera inerte par elle-même ; elle prendra la direction que lui imprimera la justice, soit contre le souverain si le souverain est injuste, soit contre le peuple si le peuple est injuste ; et cette justice, tout état chrétien la trouve dans l'église catholique et son chef. Tout ce que nous disons ici doit se rapporter à l'ordre légitime (1).

LE LIBÉRAL.

Mais si l'état par sa constitution se trouve séparé de l'église, comment le peuple pourra-t-il reconnaître qu'un changement de gouvernement est légitime?

LE CATHOLIQUE.

Par la même voie que les païens pouvaient le reconnaître avant J.-C., de la même manière que nous connaissons les droits naturels de chaque homme ; c'est-à-dire, par les principes généraux que nous a transmis le genre humain : faibles moyens, il est vrai, mais ils sont les seuls pour un tel peuple.

Quant à ce qui concerne l'ordre légal, voici ce qu'il faut poser en principe.

Il est certain que le peuple seul a le droit d'établir son ordre légal, puisqu'en effet il l'a toujours fait, et que s'il en était autrement il n'y aurait qu'une forme de gouvernement pour tous les peuples (2). Il est certain que le roi qui

(1) Voy. *Pièces Justificatives*, n° 2.

(2) Il faut en conséquence admettre, en théorie, trois espèces de gouvernement essentiellement différens. 1. Le gouvernement *despotique*, dans lequel les membres de l'état ne sont assurés ni de la jouissance de leurs droits comme hommes (la liberté personnelle et la sûreté des propriétés), ni de

3

monte sur le trône en vertu des lois établies est obligé de les maintenir en les observant lui-même et en les faisant observer aux individus qui ne voudraient pas s'y soumettre. Il est certain que si le roi, par arbitraire, veut renverser tout un ordre légal, il s'attribue un droit qu'il ne tient pas de Dieu. C'est ce que nous montre l'histoire, et c'est ce que nous prouvent les principes établis précédemment, que les souverains sont pour le peuple et non les peuples pour les souverains. Il est certain, enfin, que le peuple ne peut pas renverser sa constitution pour vivre in-

leurs droits de citoyens (la part active au pouvoir législatif) : un pareil gouvernement peut exister par la contrainte, et jamais être fondé sur les lois. 2. L'autocratie, ou le gouvernement d'un seul, sous lequel les sujets jouissent de la plénitude de leurs droits comme hommes, mais non comme citoyens : il consiste dans la réunion du pouvoir législatif et exécutif dans la personne du souverain. La forme de ce gouvernement peut être ou monarchique, ou aristocratique (monarchie pure et aristocratie pure). Un pareil gouvernement peut, à la vérité, s'établir par l'usurpation ; mais il peut aussi exister par droit de succession ou par une transaction volontaire, et alors être légitime. 3. Le gouvernement *républicain*, où les membres de l'état jouissent de leurs droits comme hommes et comme citoyens : il suppose par conséquent la séparation du pouvoir législatif d'avec le pouvoir exécutif, et peut être monarchique ou aristocratique (monarchie et aristocratie tempérée).

(*Manuel de l'Histoire Ancienne*, trad. de l'all. de A. H. L. HEEREN.)

dépendant, parce que ce serait se suicider en ôtant à la loi divine de justice la seule force qui puisse la maintenir dans la société. Mais le peuple, comment connaîtra-t-il que le souverain par tel acte renverse sa constitution? Et le roi, comment jugera-t-il que le peuple par tel acte aussi veut se rendre indépendant?

C'est le cas de deux grandes puissances qui se trouvent en litige. Si toutes les deux elles prennent un arbitre et qu'elles se conforment à sa sentence, tout rentre dans l'ordre. Si elles refusent de recourir à une autorité, elles en viennent aux armes; alors celle-là est coupable qui déclare une guerre injuste, pour quelque parti que la victoire se décide. De même si le souverain et le peuple, dans ces grandes circonstances, reconnaissent un juge, il faut s'en rapporter à sa décision; si ni l'un ni l'autre ne reconnaissent d'arbitre, c'est un malheur qu'on soit obligé de recourir à la force; mais alors celui-là seul sera la cause de tous les désordres, qui sera réellement le coupable : le roi si c'est le roi, le peuple si c'est le peuple.

Ainsi, pour résumer, dans le cas où la loi divine de justice serait violée ou par le prince, ou par le peuple, la force matérielle sera dirigée contre le coupable, d'après l'impulsion de la justice. Cette justice est vivante, est parlante dans l'église et son chef, pour un gouvernement catholique, il est donc toujours possible alors de ne pas se tromper : pour un gouvernement qui ne l'est pas, cette justice n'est et ne peut être connue que par l'autorité universelle du genre humain. Or, comme cette autorité n'est point représentée par un tribunal vivant qui, dans les circonstances données, puisse l'interpréter, ces sortes de gouvernemens seront exposés aux agitations et aux troubles, jusqu'à ce qu'ils se reconstituent sur de plus solides bases.

Dans le cas où l'ordre légal sera violé par le prince ou par le peuple, s'ils reconnaissent tous deux un arbitre (pour un état catholique ce sera évidemment le pontife romain), tout se calmera par sa décision; s'ils n'en reconnaissent pas, ce ne sera que la force qui décidera. C'est un malheur sans doute, mais qu'on n'évitera pas en donnant, contre tout droit de justice, la toute-puissance soit au peuple, soit aux rois.

LE ROYALISTE.

Cette doctrine me paraît extrêmement sage; je ne vois réellement aucune raison à y opposer. Néanmoins, je ne saurais jamais me familiariser avec ces propositions : *les peuples peuvent faire des révolutions, les révolutions peuvent être légitimes.*

LE CATHOLIQUE.

Si ce ne sont que les mots qui vous offusquent,

il faut éclaircir nos idées. Si par *révolution* vous entendez la liberté de piller, de saccager, de tuer, le combat des pauvres contre les riches, des scélérats contre les gens d'honneur, de talent et de vertu, certainement dans ce sens il n'est *jamais permis au peuple de se révolter, les révolutions ne seront jamais légitimes.* Mais si vous attribuez au mot *révolution* la seule signification que lui donne l'étymologie, c'est-à-dire, *changement,* je vous avoue que ces propositions, *il est permis au peuple dirigé par la justice de changer un gouvernement reconnu oppresseur et illégitime ; un changement juste de gouvernement est une chose juste,* n'auront jamais rien de mal sonnant pour les oreilles même les plus délicates.

LE ROYALISTE.

Vous ne pourrez jamais empêcher le peuple d'abuser de ce droit.

LE CATHOLIQUE.

Toutes les fois qu'il en abusera, il sera coupable ; mais il suffit qu'il soit possible qu'il ne se trompe pas toujours, pour que l'abus ne détruise pas le droit. Le peuple romain, chassant l'impudique Tarquin, n'a jamais été blâmé par aucun historien, et nous trouverions mille exemples dans les annales du monde, où tous les auteurs et les moralistes s'accordent à regarder certains changemens opérés dans le gouvernement comme légitimes. Où en serions-nous si l'abus d'un droit détruisait ce droit? Il ne serait jamais permis alors de se servir du glaive pour la défense personnelle, parce que l'on pourrait se tromper quelquefois, parce que chaque jour des brigands s'en servent pour le crime.

LE ROYALISTE.

Vous me poussez jusque dans mes derniers retranchemens. Cependant je ne regarderai jamais comme légitime une révolution où il faut combattre et verser le sang; passe encore, si tout pouvait s'arranger tranquillement.

LE LIBÉRAL.

Sans doute on doit d'abord avertir le prince qui donne un ordre contraire à la justice ou aux lois; mais s'il persiste, je crois que c'est à lui seul qu'il faut alors rapporter les inconvéniens qui résultent de ce choc. Si un chef de voleurs vient, à la tête de bandes armées, soit pour piller, soit pour insulter à la pudeur de nos épouses, de nos filles, soit pour renverser les lois du royaume, devra-t-on le laisser faire, sous prétexte qu'il faudra peut-être en venir aux mains ou verser le sang? Où en serait la société s'il n'était pas permis dans ces cas de combattre à quelque prix que ce fût ? L'audace triompherait toujours et marcherait tête levée au milieu des ruines fumantes de sang et de carnage. Or, supposé que ce chef de brigands, ce scélérat soit un Néron, un Tibère, devra-t-il demeurer impuni parce que son crime est plus grand que celui d'un simple sujet ; surtout si , d'après l'autorité infaillible de l'église en morale, comme vient de nous le dire monsieur, on peut être sûr de ne jamais s'égarer ? Je crois qu'une pareille défense ne sera jamais appelée révolte, ni le changement qui s'ensuit *révolution*, dans le sens que vous attachiez à ce mot.

LE ROYALISTE.

Il m'en coûte encore de céder.

LE CATHOLIQUE.

Est-ce que vous avez des raisons à opposer à cette doctrine ?

LE ROYALISTE.

Non certainement, mais je suis arrêté par un reste de sentiment qu'il me ferait peine d'étouffer.

LE CATHOLIQUE.

Messieurs, l'homme ne se dirige que par la raison, et tout sentiment contraire à l'évidence, qu'on ne peut se définir, est un reste de préjugé qu'il faut immoler à la vérité.

LE ROYALISTE.

Eh bien, monsieur, à la bonne heure, je cède : la victoire est à la vérité ; et je crois en effet que si ces doctrines étaient répandues dans l'univers et bien comprises, les gouvernemens ne seraient pas si souvent le jouet des tempêtes révolutionnaires.

LE CATHOLIQUE.

Vous raisonnez très juste, monsieur : un gouvernement catholique en viendra rarement à ces terribles extrémités. Pour s'en convaincre, il suffit, après avoir étudié ces principes en théorie, de les voir en pratique dans les premiers âges de l'église, et de comparer cette époque où l'église romaine était le centre de toute la civilisation avec celle qui a suivi de près la révolte des princes et des peuples contre son autorité tutélaire.

LE LIBÉRAL.

Ah ! par exemple, si vous vous chargez de légitimer la conduite des papes dans le moyen âge, vous serez vraiment bien habile.

LE CATHOLIQUE.

Il ne faut pas beaucoup d'habileté pour faire triompher la vérité dans des cœurs comme les nôtres, qui la chérissent avec passion et qui la recherchent avec franchise. Je ne vous demande que quelques nouveaux efforts d'attention pour vous en convaincre.

Sans faire mention encore des papes, vous ne pourrez pas nier que ce ne soit à l'influence du catholicisme que l'univers et l'Europe en particulier sont redevables de leurs lumières et de leur civilisation. C'est lui qui, à la décadence de la puissance romaine dans tout l'univers, lorsque des hordes de barbares sans cesse renaissantes se disputaient les derniers lambeaux de ce colosse expirant, lorsque des commotions violentes ébranlaient tous les peuples, remuaient tous les empires jusque dans leurs fondemens ruineux, a commencé cette brillante régénération de tous les états qui remontent à son berceau. C'est lui qui a présidé à l'enfance de cette civilisation européenne qu'on voyait marcher à pas de géant à sa perfection, lorsque la plus funeste des hérésies a détaché les peuples d'abord, et par contre-coup les souverains ensuite, de sa bienfaisante tutelle.

LE ROYALISTE.

Sans doute, il faudrait être aveugle pour nier l'influence du christianisme sur les nations et les services sans nombre qu'il a rendus à tous les peuples. Ses ennemis même, les mains encore chargées de ses bienfaits, n'osent insulter aujourd'hui à sa gloire passée, quoiqu'ils appellent de leurs vœux sa funèbre agonie. Mais je crois que c'est à l'évangile plutôt qu'aux papes que le monde est redevable de tous ces prodiges.

LE LIBÉRAL.

En effet, quoi que vous m'en ayez dit, j'ai toujours une dent contre les papes.

LE CATHOLIQUE.

Voici de quoi vous ramener. Vous avouez tous deux que c'est à l'évangile que le monde est redevable de sa régénération ; eh bien, que pouvait faire un livre, je vous le demande, dans la société, surtout à une époque où régnait tant de barbarie et où il était si difficile de se procurer des manucrits ? Comment la doctrine contenue dans ce livre divin aurait-elle régénéré l'univers en si peu de temps, se serait-elle répandue dans tant de mondes à la fois, si elle n'eût été renfermée que dans une lettre morte ? Il fallait des lèvres pour la publier et des apôtres pour la prêcher jusqu'aux contrées les plus éloignées. Douze hommes furent choisis par le Christ lui-même pour commencer cette mission sublime ; ceux-ci nommèrent leurs successeurs. Ces disciples d'une doctrine céleste, pour annoncer partout les mêmes vérités, pour leur donner partout les mêmes interprétations, pour garder partout une constante uniformité dans leurs enseignemens, avaient besoin d'un centre, d'un lien d'unité; ils le trouvèrent toujours dans le successeur de Pierre. C'est lui qu'on vit toujours marcher à la tête de la civilisation moderne, tantôt protégeant les peuples contre les prétentions des souverains, tantôt secondant les souverains contre les passions soulevées des peuples, entretenant entre tous les états la même harmonie qu'entre toutes les églises.

LE LIBÉRAL.

J'avoue que vous me donnez ici une plus haute idée des papes que je n'en avais et que ne m'en présente l'histoire.

LE CATHOLIQUE.

L'histoire, vous le savez bien, prend la forme qu'on lui donne : aussi, écrite par des mains ennemies, elle a déchiré sans pitié la mémoire des plus grands bienfaiteurs de l'humanité. Il faut, monsieur, la lire à la lueur du flambeau de la saine critique et des principes catholiques; vous verrez alors qu'à l'exception de quelques pontifes qui ont erré comme hommes ou souverains temporels et jamais comme juges suprêmes de la foi et de la morale, cette sublime hiérarchie des pontifes du Christ est le spectacle le plus ravissant qu'offrent à l'admiration des peuples les annales de tous les âges. Le triomphe qu'ont obtenu dans leurs églises respectives les Ambroise, les Flavien, sur les princes en faveur de l'humanité, ne sont rien auprès des divins trophées qui ornent et décorent le char triomphal des pontifes romains.

LE ROYALISTE.

Qui a donc pu entraver cette magnifique régénération dont vous retracez ici le tableau?

LE CATHOLIQUE.

Quelques peuples factieux, mus par l'impudique Luther et le fanatique Calvin, fatigués du joug salutaire que la religion du Christ impose aux passions, ont rompu avec Rome et avec l'église; et, en même temps qu'ils proclamaient leur indépendance religieuse dans des écrits imposteurs, ils marchaient, au milieu des torrens de sang et à la lueur des incendies, à la conquête de l'indépendance politique. Quelques princes, aveuglés sur leur propre sûreté, séduits par les charmes d'un pouvoir sans frein et sans borne qu'ils croyaient le seul rempart à opposer à l'indépendance démocratique, s'arrachèrent insensiblement à la direction du catholicisme, pour ne plus gouverner que d'après leur volonté, dernière raison qu'ils donnèrent à leurs sujets pour légitimer leurs actes. Les uns firent avec l'église une rupture ouverte et en tout point, comme Henri viii et quelques princes d'Allemagne; les autres en partie seulement (1) comme François 1er et ses successeurs jusqu'à Louis xiv, qui osa associer quelques évêques courtisans à la promulgation d'un édit qui, en établissant l'indépendance de son autorité temporelle de toute autorité spirituelle, légua aux rois des échafauds et aux peuples des révolutions.

LE ROYALISTE.

Croyez-vous que les papes, en se mêlant de nos lois, eussent empêché les révolutions?

LE CATHOLIQUE.

Bien loin de le prétendre, je ne soutiens même pas que la doctrine catholique donne aux souverains pontifes le droit de faire les lois des nations; droit que les théologiens réservent seulement à la communauté.

LE LIBÉRAL.

On me trompait donc lorsqu'on me disait que les docteurs catholiques donnaient aux papes le pouvoir de faire les rois, de les abattre, de changer les constitutions?

(1) Nous ne prétendons pas traiter de schismatiques les souverains gallicans; nous ne voulons qu'exprimer ici la scission qui se fit alors entre l'autorité spirituelle et l'autorité temporelle; scission réprouvée par les papes, ainsi qu'on peut le voir dans la bulle *inter multiplices* d'Alexandre viii, et autres

On a défiguré la doctrine catholique en ce point comme en bien d'autres. La vérité est que dans *l'ordre légitime* le souverain pontife n'est, ainsi que je vous l'ai dit, que le juge suprême de la morale. Comme la religion enseigne qu'un prince qui viole la justice à l'égard de son peuple n'est plus souverain (1), le peuple qui se croit blessé dans ses droits consulte le pape pour savoir s'il ne se trompe pas. Celui-ci, dans la supposition que le souverain s'est égaré, l'avertit d'abord : si le roi persiste, il décide seulement que le peuple n'est plus tenu de lui obéir en conscience. Dans *l'ordre légal,* le pontife romain n'a de pouvoir que ce que les rois et les peuples veulent lui en donner. Seulement, quoi qu'en disent les démocrates, je crois que si l'on recourait toujours à son autorité paternelle, on évite-

(1) La tradition catholique a toujours interprété dans ce sens ce passage de l'écriture : *Le prince est le ministre de Dieu pour le bien : Minister Dei in bonum.*

Le pape Pie vi, expliquant, dans un bref adressé aux catholiques français, ce mot de l'apôtre : *Toute puissance vient de Dieu,* a pris soin de leur faire remarquer que cela est dit *non pas de chaque prince, mais du pouvoir en général.* L'amissibilité du pouvoir pour cause d'indignité ou de tyrannie est une vérité qui fait partie de la doctrine catholique. S'il n'en était pas ainsi, les actes des papes et des conciles généraux, pendant une longue suite de siècles, eussent manqué de base, et l'église eût elle-même violé sa propre doctrine.

rait le plus souvent bien des révolutions et bien des guerres. Voilà tout ce que nous avons dit, je pense.

LE LIBÉRAL.

Je suis toujours plus étonné, en vous entendant expliquer ainsi ces points de controverse. Je commence à me méfier un peu de mes lumières et des voies si mensongères par lesquelles je les ai acquises.

LE CATHOLIQUE.

Nous sommes à une époque où il faut beaucoup de franchise et de bonne foi dans le cœur, un grand discernement dans l'esprit, un travail constant et opiniâtre dans les études, pour ne pas s'égarer au milieu de tant d'écrits polémiques, défigurant chacun les doctrines qu'ils combattent.

LE ROYALISTE.

Louis XIV était-il contraire à cette doctrine ?

LE CATHOLIQUE.

Il y fut tellement contraire qu'il fit un édit pour défendre de l'enseigner dans ses états ; édit que nous combattrons dans un second entretien avec la doctrine qui y est contenue. En ce moment, néanmoins, pour justifier mon accusation contre un des plus grands monarques de la France, je vais vous faire voir que par ses ordonnances de 1682, il s'est réellement séparé de l'église (1) ; exemple qui fut malheureusement suivi de la plupart des princes de l'Europe, et qui a amené tous nos malheurs. Les partisans de ces doctrines de servitude soutiennent que *l'autorité temporelle est indépendante de toute autorité spirituelle* (2), non seulement en ce sens que celle-ci ne peut pas faire les lois, mais encore en ce sens que, lors même que le prince serait *tyran, hérétique, persécuteur, impie* (3) dans les actes de son *autorité temporelle,* il ne cesserait pas pour cela d'être roi, et que cette autorité spirituelle, *d'après l'ordre de Dieu,* ne pourrait, dans ces circontances même et en aucun cas, délier les sujets du serment de fidélité. C'est ainsi que les princes, en ôtant à leurs sujets toute garantie contre la tyrannie, ont fait que le peuple de son côté a proclamé une doctrine qui ôte aux souverains toute garantie contre l'anarchie.

C'est de là qu'est né le gallicanisme, qu'avait précédé le protestantisme. Tous les deux, doctrines de mort pour les gouvernemens, et qui se

(1) Voyez la note citée pag. 45 : *Nous ne prétendons pas,* etc.

(2) *Les rois et les souverains ne sont soumis à aucune puissance ecclésiastique par l'ordre de Dieu dans les choses temporelles.* Déclarat. de 1682, art. 1er.

(3) Les vrais principes de l'église gallicane, par M. D. Frayssinous, évêque d'Hermopolis ; pag. 71, 3e édit.

sont perpétuées jusqu'à nos jours avec quelques nuances sous le nom de *royalisme* et de *libéralisme*. C'est ainsi que j'ai pu dire que Louis xiv, par son édit de 1682, avait légué aux rois des échafauds et aux peuples des révolutions ; des échafauds aux rois par le moyen d'une démocratie anarchiste, des révolutions aux peuples par le moyen de l'absolutisme et de l'arbitraire.

N'est-ce pas là, en effet, le spectacle qu'ont offert au monde l'Angleterre, la France, l'Allemagne, depuis cette fatale scission des rois et des peuples avec l'autorité spirituelle? C'est en vain que partout on cherche à rétablir l'harmonie des pouvoirs par des constitutions.

Pour réprimer les abus d'autorité, soit de la part des souverains, soit de la part des peuples, pour les contenir les uns et les autres dans les bornes de la justice, il faut une force sans doute ; mais si cette force n'est que matérielle, elle s'égarera. Alors il faudra recourir à une seconde force pour comprimer la première, puis à une troisième, si la seconde s'égare à son tour ; ainsi les tyrans succèderont aux factions anarchiques, celles-ci aux tyrans, et les gouvernemens rouleront toujours d'abîmes en abîmes jusqu'à ce qu'ils renouent l'alliance subordonnée de la force au droit, du pouvoir à la justice, de la société temporelle à la société spirituelle, de l'empire à la religion, de l'état à l'Eglise. Serait-ce pour cette restauration que les nations s'agitent, que les anciens trônes s'écroulent, que les nouveaux s'é-branlent? Le monde est-il en travail pour enfanter un avenir de bonheur? Si tels sont les décrets de la divine providence, salut, tardive aurore de notre régénération ! De quelques nuages que tu paraisses environnée, quelque affreuse que soit la tempête qui doit précéder ton lever, je me prosterne et j'adore d'avance ce beau jour de notre délivrance, ce jour où le Christ reprendra son empire, où le Pontife ceint de la tiare pourra de nouveau conduire dans les sentiers de la vie et de l'immortalité les agneaux et les brebis, les troupeaux et les pasteurs, les peuples et les rois, pour nous confondre tous dans cette merveilleuse unité, image de l'unité éternelle qui réunira toutes les générations des justes dans un monde où nous ne compterons plus ni les années ni les siècles, constans témoins de notre inconstance.

LE ROYALISTE.

Quoi ! monsieur, vous trouveriez un pronostic de bonheur dans cette tourmente qui nous agite?

LE LIBÉRAL.

Eh ! pourquoi pas, puisque nous voyons tomber du trône ces despotes absolus qui, se disant indépendans de la justice divine, osaient encore mentir à tous les hommes en se proclamant rois de

droit divin ; qui , infidèles à leurs sermens, vou-
laient substituer à nos lois l'arbitraire et l'escla-
vage ?

LE ROYALISTE.

Vous regarderiez donc comme légitime une
révolte qui consterne toute l'Europe, et dont
aucun parti en France ne veut se rendre soli-
daire ?

LE LIBÉRAL.

Comment? Charles x n'avait-il pas violé l'ordre légal par ses ordonnances? Ne violait-il pas
constamment en droit, si ce n'était pas en fait,
l'ordre légitime, en s'avouant indépendant de
toute justice ? en ordonnant aux évêques d'enseigner une doctrine impie réprouvée par les papes?
en traînant devant les tribunaux les prêtres cou-
rageux qui osaient dire aux princes qu'ils n'étaient
et ne pouvaient être absolus de droit?

LE CATHOLIQUE.

Vos observations sont justes, monsieur; mais
votre ton est un peu trop acerbe, surtout envers
un prince qui s'est égaré sans doute , mais
dont les intentions étaient pures, qui a cru même
par ses derniers actes suivre la courageuse impulsion de l'honneur et du devoir, et qui, bien
loin de penser violer ses sermens, aurait cru
manquer à sa conscience en ne prenant pas le
seul moyen qui lui semblait capable de sauver la

France. Je ne veux point encore faire l'application de nos principes aux événemens présens; cette application rentrera mieux dans le plan d'un second entretien. Mon but sera rempli dans celui-ci, si je suis parvenu à dissiper vos préjugés contre la doctrine catholique, à vous la faire connaître, à vous expliquer ses véritables principes, si défigurés aujourd'hui par ses amis et par ses ennemis. Persuadé que tout esprit droit qui se bornera seulement à vouloir la comprendre ne pourra s'empêcher de l'aimer, je n'ai voulu que vous montrer qu'elle seule accorde la liberté et l'ordre, puisque seule elle s'éloigne également de l'arbitraire et de l'anarchie que le royalisme et le libéralisme consacrent dans leur doctrine, comme nous le verrons dans nos prochaines discussions.

LE LIBÉRAL.

Comme j'ai une mémoire un peu trompeuse, je désirerais qu'avant de nous quitter vous nous donnassiez un court résumé de tout ce que vous nous avez exposé.

LE ROYALISTE.

Je serais bien aise, moi-même, pour asseoir mon jugement sur des bases fixes, que vous vous rendissiez aux vœux de mon ami.

LE CATHOLIQUE.

C'est ce que je vais faire avec le plus grand plaisir.

Pour qu'une société extérieure soit possible parmi les hommes, il faut que tous reconnaissent des droits aux autres à la vie, à la liberté, à la propriété, c'est-à-dire, une loi de justice immuable et divine. La reconnaissance de ces droits communs constitue la société spirituelle et ce que nous avons appelé *ordre légitime*. Comme la loi divine de justice pouvait être violée par quelques perturbateurs, il a été nécessaire de créer une force matérielle pour les combattre, et la communauté a nommé un agent pour diriger la force conformément à cette même loi de justice. De là est né un nouvel ordre de choses appelé *ordre légal*. Il y a cette différence entre *l'ordre légitime* et *l'ordre légal*, que le premier est indépendant de la volonté du peuple et qu'il commande l'obéissance aux sujets comme au souverain, tandis que le second est établi par le peuple et varie pour cette raison chez toutes les nations. Comme l'observation de la justice et des lois est le premier besoin de la société, la force matérielle pourra être dirigée soit par le pouvoir contre les sujets rebelles à *l'ordre légitime* ou à *l'ordre légal*, soit par le peuple contre le pouvoir violateur de l'un de ces deux ordres.

La force matérielle étant aveugle, le roi et le peuple pouvant se tromper, ils devront suivre tous les deux, dans ces circonstances critiques, la direction de l'autorité infaillible par laquelle nous connaissons la loi de justice. Cette autorité était pour les nations avant J. C., et elle est, pour les gouvernemens qui se trouvent actuellement séparés de l'Eglise par leur constitution, *celle de la raison constante et universelle du genre humain, manifestée par le langage;* et, pour les nations soumises de droit et de fait à l'action complète du christianisme, *l'autorité de l'Eglise,* qui n'est que l'autorité même du genre humain perfectionnée, visible et enseignante.

Telle est la doctrine du christianisme en théorie, telle elle fut en pratique.

L'évangile, de l'aveu de tous les amis et ennemis du christianisme, a changé la face du monde et civilisé tous les peuples modernes. Ces effets ne pouvant être le résultat d'une lettre morte, il a fallu que la doctrine évangélique, pour se répandre en si peu de temps et en tant de contrées diverses et éloignées, fût interprétée par des prêtres et des docteurs. Pour que cette interprétation fût la même partout, il a fallu un centre : ce centre, ce fut le Pontife romain. C'est de ce centre que, depuis Charlemagne jusqu'à François Ier, sont partis, comme d'un soleil divin, tous les rayons de lumière qui ont répandu la vie dans tous les états. A cette époque, le Pontife de Rome présidait à tous les empires, qu'il avait policés par ses soins et ses évêques, non comme un despote, ni même comme un maître, quoi qu'en dise la calomnie, mais comme l'interprète suprême de la loi de justice. Il était le défenseur des peuples opprimés par les rois, la charte vivante de leurs droits, le lien d'union entre tous les états de la chrétienté ; et si ces temps ne furent pas exempts de guerre entre les peuples, et de combats entre quelques factions, du moins ne vit-on jamais ces chocs violens de puissance entre les rois et leurs sujets, qui se multiplièrent depuis en multipliant nos malheurs, lorsque les souverains et les peuples se furent soustraits à la douce tutelle de l'Eglise : funeste séparation, opérée d'un côté par le protestantisme, qui proclama le peuple roi absolu dans *l'ordre légitime* et dans *l'ordre légal ;* et de l'autre par le gallicanisme, qui déclara le prince indépendant de l'un et de l'autre ; doctrines qui, reproduites de nos jours avec des nuances diverses sous les noms de *libéralisme* et de *royalisme,* entretiennent ce combat continuel de l'anarchie et du despotisme qui se succèdent sans se détruire.

Nous ajouterons ici, pour dire quelque chose de plus particulier à notre époque, que, dans le cas de révolutions où tout un ancien *ordre légal* se dissout, où le pouvoir est renversé, les hommes de bien sont obligés, *en conscience*, de faire tout leur possible pour empêcher la ruine entière de la patrie, pour contraindre les passions ennemies de *l'ordre légitime* de se soumettre aux droits communs que chaque homme, chaque famille, chaque état a à la vie, à la propriété et à la liberté. On peut conserver dans son cœur des affections légitimes et honorables, mais, *dans l'action,* de quelque côté que soient les torts, soit de la part de l'ancien pouvoir, soit de la part des factions; que *l'ancien ordre légal* ait été aboli justement ou non, que le nouveau soit conforme à nos opinions ou non; pourvu qu'il ne soit pas contraire à *l'ordre légitime,* je dis qu'on doit faire le sacrifice de son repos, de ses idées particulières, et prendre les moyens les plus prompts pour hâter le retour à l'ordre, à la paix, à la tranquillité, premier besoin des peuples. En conséquence, il faut, dans ces grandes crises, se réunir aux forces qui paraissent s'exercer le plus conformément à la loi de justice, ou qui paraissent le mieux protéger la vie, la liberté de tous; et si de ce cahos il surgit un nouveau pouvoir qui cherche à se légitimer par le respect des droits de tous, toutes les forces individuelles doivent se grouper autour de lui pour maintenir la loi de justice, ou l'ordre éternellement légitime.

Si, après les premiers troubles, ce nouvel ordre légal paraît se fortifier avec la paix publique, non seulement il n'est pas permis de conspirer pour le renverser, mais encore on est obligé de lui prêter secours contre les perturbateurs qui surviendraient, quels qu'ils soient : autrement ce serait sacrifier le bien-être d'une nation entière au triomphe éphémère d'un intérêt privé. Telle est la conduite qu'ont toujours conseillée et suivie les papes, témoins depuis tant de siècles des révolutions des empires. Telle fut en particulier, dans ces derniers temps, la conduite de Pie vii sacrant à Paris Buonaparte, et de Pie viii permettant de prêter le serment de fidélité à notre nouveau souverain, sous la condition expresse qu'il sera lui-même fidèle au sien en observant la justice et les lois. Suivre, à l'exemple de ces grands papes, une telle conduite, ce n'est pas approuver ou seconder les révolutions justes ou injustes, mais c'est, dans l'impossibilité de les arrêter et de les comprimer, leur faire prendre la direction la plus utile au bien public.

Voilà, messieurs, sur la question délicate de la souveraineté, un faible aperçu de la doctrine catholique dont vous avez bien voulu entendre les développemens de ma bouche. Je crains qu'elle n'ait perdu de sa force en passant par un si faible organe ; j'espère, néanmoins, qu'apparaissant à

vos esprits dégagée des préjugés de tous les gen-
res, elle ne pourra manquer de faire impression
sur vos ames sensibles à tout ce qui porte le caractère d'ordre et de liberté.

FIN DU PREMIER ENTRETIEN.

PIÈCES JUSTIFICATIVES.

N° 1.

Voici la voix d'un des plus saints Pontifes qu'ait
suscités la Providence pour conduire l'Eglise du Christ :
« Quant à ce que vous dites, que vous êtes soumis aux
« rois et aux princes, à cause du précepte de l'Apôtre,
« *Obéissez au roi comme au souverain* (1), je vous ap-
« prouve en cela. Cependant voyez si ces rois et ces
« princes auxquels vous êtes soumis, dites-vous, sont
« véritablement rois et princes. Voyez s'ils régissent
« bien, eux-mêmes d'abord, ensuite le peuple qui leur
« est confié. Voyez s'ils gouvernent selon le droit ; au-
« trement on devrait plutôt les tenir pour tyrans que
« pour rois, et leur résister et s'élever contre eux plutôt
« que de leur être soumis. Car, si nous étions soumis
« à de tels princes, et non préposés sur eux, nous ne
« pourrions éviter de favoriser leurs vices. Obéissez

(1) I. Petr., II, 13.

« donc au roi qui est au-dessus des autres par ses ver-
« tus et non par ses vices ; obéissez, mais, comme dit
« l'Apôtre, à cause de Dieu, et non contre Dieu. »

*Nicol., Append. I; Epist. IV ad adventitium Episc.
Metensem.* Labbe, t. VIII, col. 487.

Qu'on n'objecte pas au droit de résistance contre les
tyrans la soumission aveugle des premiers fidèles aux
princes païens. Nous répondrons avec M. Sibour, cha-
noine de Nîmes, qui a si bien développé ce point délicat
dans une lettre à *l'Avenir* et dans sa réponse à *l'Ami
de la Religion*, pour repousser les malignes interprétations que ce journal avait données à ses paroles : « Les
« Apôtres croyaient nécessaire d'avertir les fidèles de ne
« pas se méprendre sur l'exercice d'un droit (le droit de
« résistance) qui n'était pas solennellement promulgué,
« et qui regardait seulement les chrétiens devenus corps
« de nation. De là ces exhortations réitérées à la soumis-
« sion au vieil ordre de choses établi, dans la crainte
« de compromettre leur conscience en compromettant
« tout l'avenir du christianisme. Et voilà, en passant,
« l'explication catholique de tous ces textes que les flat-
« teurs de cour invoquent pour établir le droit en faveur
« des despotes d'assujétir l'homme social à leurs capri-
« ces. Ne blasphémons pas davantage la loi divine ; en
« vain y chercheriez-vous le code de la tyrannie, vous
« n'y trouverez partout que Dieu et la vérité..... »

Écoutons maintenant St. Thomas, dont le passage
cité n'est que la traduction un peu étendue : *Ecclesia
in suî novitate nondum habebat potestatem principes ca-
pescendi, et ideò toleravit fideles Juliano apostatæ obe-
dire, in his quæ non erant contra fidem ut majus fidei*

periculum vitaret. — *L'Eglise, dans les commencemens, n'étendait point encore son pouvoir sur les princes; voilà pourquoi elle toléra que les fidèles obéissent à Julien l'apostat, dans tout ce qui n'attaquait pas la foi, afin de sauver la foi d'un plus grand danger.* (2. 2. q. XII, art. II, ad. 1.)

Parmi la foule de ceux qui accusent le christianisme romain de fomenter le despotisme et de tendre partout à établir le pouvoir arbitraire, il y en a peut-être qui seront étonnés d'apprendre qu'une des règles de l'*Index* frappe spécialement les livres *propres à favoriser la tyrannie politique et ce qu'on appelle la raison d'état.* « Item quæ ex gentilium placitis, moribus, exemplis, tyrannicam politicam favent, et quam falsò vocant rationem statûs, ab evangelicâ et christianâ lege abhorrentem inducant, deleantur. » *Regulæ et observationes in indicem librorum prohibitorum. De correctione* , § II.

N° 2.

BULLE DOGMATIQUE DE BONIFACE VIII, CONFIRMÉE PAR CLÉMENT V, ET INSÉRÉE DANS LE CORPS DU DROIT CANONIQUE.

La foi nous oblige de croire et de professer que la sainte Eglise catholique et apostolique est une... C'est pourquoi l'Eglise une et unique n'est qu'un seul corps, ayant, non pas deux chefs, chose monstrueuse, mais un seul chef, savoir, le Christ et Pierre, vicaire du Christ, ainsi que le successeur de Pierre, le Seigneur ayant dit à Pierre lui-même : *Pais mes brebis,* en général ; ce qui montre qu'il les lui a confiées toutes sans exception. Si donc les Grecs et d'autres encore disent qu'ils n'ont point été confiés à Pierre et à ses successeurs, il faut qu'ils avouent qu'ils ne sont pas des brebis du Christ, puisque le Seigneur a dit, selon saint Jean : *Qu'il n'y a qu'un seul troupeau et qu'un seul pasteur.* Qu'il ait en sa puissance les deux glaives, l'un spirituel, l'autre temporel, c'est ce que l'Évangile nous apprend ; car les Apôtres ayant dit : *Voici deux glaives ici*, c'est-à-dire dans l'Eglise, puisque c'étaient les Apôtres qui parlaient, le Seigneur ne leur répondit pas c'est trop, mais c'est *assez*. Assurément celui qui nie que le glaive temporel soit en la puissance de Pierre méconnaît cette parole du Sauveur : *Remets ton glaive dans le fourreau.* Le glaive spirituel et le glaive matériel sont donc l'un et l'autre en la puissance de l'Eglise ; mais le second doit être employé pour l'Eglise, et le premier par l'Eglise. Celui-ci est dans la main du prêtre, celui-là est dans la main des rois et des soldats, mais sous la direction et la dépendance du prêtre. L'un de ces glaives doit être subordonné à l'autre, et l'autorité temporelle doit être soumise au pouvoir spirituel. Car, suivant l'Apôtre, *Toute puissance vient de Dieu.* Celles qui existent sont ordonnées de Dieu ; or elles ne seraient pas ordonnées si un glaive n'était pas soumis à l'autre glaive, et, comme inférieur, ramené par lui à l'exécution de la volonté souveraine. Car, suivant le B. Denis, c'est une loi de la Divinité, que ce qui est infime soit coordonné par des intermédiaires à ce qui est au-dessus de tout. Ainsi, en vertu des lois de l'univers, toutes choses ne sont pas ramenées à l'ordre immédiatement et de la même manière, mais les choses basses par les choses moyennes, ce qui est inférieur à ce qui est supérieur. Or la puissance spirituelle surpasse en noblesse et en dignité toute puissance terrestre, et nous devons tenir cela pour aussi certain qu'il est clair que les choses spirituelles sont au-dessus des temporelles. C'est ce que font voir aussi non moins clairement l'oblation, la bénédiction et la sanctification des dîmes, l'institution de la puissance et les conditions nécessaires du gouvernement du monde. En effet, d'après le témoignage de la vérité même, il appartient à la puissance spirituelle d'instituer la puissance terrestre et de la juger, si elle n'est pas bonne. Ainsi se vérifie l'oracle de Jérémie touchant l'Eglise et la puissance ecclésiastique : *Voilà que je t'ai établie sur les nations et les royaumes*, et le reste comme il suit. Si donc la puissance terrestre dévie, elle sera jugée par la puissance spirituelle. Si la puissance spirituelle d'un ordre inférieur dévie, elle sera jugée par son supérieur. Si c'est la puissance suprême, ce n'est pas l'homme qui peut la juger, mais Dieu seul, suivant la parole de l'Apôtre : *L'homme spirituel juge et n'est jugé lui-même par personne.* Or, cette puissance qui, bien qu'elle ait été donnée à l'homme et qu'elle soit exercée par l'homme, est non pas humaine, mais plutôt divine, Pierre l'a reçue de la bouche divine elle-même, et celui qu'il confessa l'a rendue, pour lui et ses successeurs, inébranlable comme la pierre. Car le Seigneur lui a dit : *Tout ce que tu lieras*, etc. Donc quiconque résiste à cette puissance, ainsi ordonnée de Dieu, résiste à l'ordre même de Dieu, à moins que, comme le manichéen, il n'imagine deux principes, ce que nous jugeons être une erreur et une hérésie. Aussi, Moïse atteste que c'est dans le principe, et non dans les principes, que *Dieu créa le ciel et la terre*. Ainsi, toute créature humaine doit être soumise au Pontife romain; et nous déclarons, affirmons, définissons et prononçons que cette soumission est absolument de nécessité de salut.

Unam sanctam Ecclesiam catholicam et ipsam apostolicam urgente fide credere cogimur et tenere.... etc.

FIN DE LA PREMIÈRE PARTIE.

www.ingramcontent.com/pod-product-compliance
Lightning Source LLC
Chambersburg PA
CBHW071404030726
47594CB00002B/834